Vom Hühnchen, das goldene Eier legen wollte

Käthi Bhend

Bilder

Hanna Johansen

Vom Hühnchen, das goldene Eier legen wollte

Büchergilde Gutenberg

Es waren einmal
dreitausenddreihundert-
dreiunddreißig Hühner,
die lebten auf einer Hühnerfarm
in einem großen Hühnerhaus.

5

In der Luft war ein großer Gestank
von Hühnerdreck und Kraftfutter.
Und am Boden war ein großes Gedränge,

denn jedes Huhn
hatte gerade eben Platz für seine Füße,
aber nicht mehr.

Den dreitausenddreihundert-
dreiunddreißig Hühnern
ging es nicht gut.
Viele hatten den Husten,
und fast alle verloren Federn,
weil sie aufeinander herumhackten,
wenn ihnen wieder jemand
auf die Füße getreten war.

Die Hühner legten ungefähr jeden Tag
ein Ei.
Wenn sie damit fertig waren,
gackerten sie laut,
um den andern Hühnern zu sagen,
wer das Ei gelegt hatte.
Und jeden Tag
ließ der Verwalter die Eier zählen,
die seine dreitausenddreihundert-
dreiunddreißig Hühner
gelegt hatten.

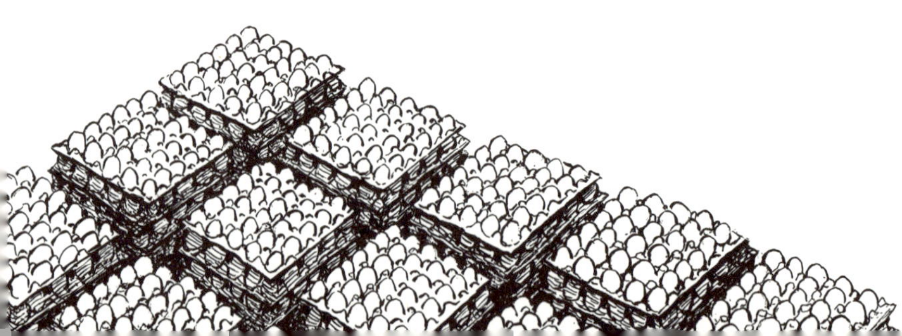

Unter den Hühnern war eines,
das war noch klein.
Es wartete darauf,
dass es irgendwann
ein großes Huhn sein würde,
um jeden Tag ein Ei zu legen.
Das Hühnchen sagte:
«Wenn ich groß bin,
will ich goldene Eier legen.»

«Hahahaha», sagten die großen Hühner.
«Goldene Eier.»
Dann mussten sie husten.

Hühnchen,
weil es klein war
und die Zeit zum Eierlegen
noch nicht gekommen,
sagte:
«Aber zuerst lerne ich singen.»
«Das brauchst du
gar nicht erst zu versuchen»,
sagten die großen Hühner.
«Und ich versuch es doch»,
sagte Hühnchen.

Dann suchte es so lange
im Hühnerhaus,
bis es in der Ecke eine Stelle fand,
wo es picken und scharren konnte.
Und es pickte und scharrte,
bis es ein Loch gescharrt hatte.
Das Loch war klein,
aber wenn Hühnchen
ein Auge vor das Loch hielt,
konnte es auf der andern Seite
etwas Grünes sehen.

Etwas Grünes
hatte Hühnchen noch nie gesehen.
Alles, was Hühnchen kannte,
war rot oder braun
oder gelb oder grau.
Und in der Nacht war alles schwarz.
Hühnchen pickte weiter.
Das Loch wurde jeden Tag etwas größer.
Hühnchen pickte und scharrte,
bis das Loch groß genug war
zum Durchschlüpfen.

Das konnte es, weil es so klein war.

Draußen war alles anders
als im Hühnerhaus:
Überall war frische Luft,
nirgends stank es
nach Hühnerdreck und Kraftfutter.
Als Hühnchen
sich daran gewöhnt hatte,
dass es so hell war,
sah es,
dass die Dinge draußen
nicht nur grün,
sondern auch blau waren.

Hühnchen kam auf ein Weizenfeld,
wo es herumrennen und picken
und scharren und gackern konnte,
so viel es nur wollte.
Erst als es dunkel wurde,
schlüpfte Hühnchen zurück
ins Hühnerhaus
zu den andern
dreitausenddreihundert-
dreiunddreißig Hühnern.

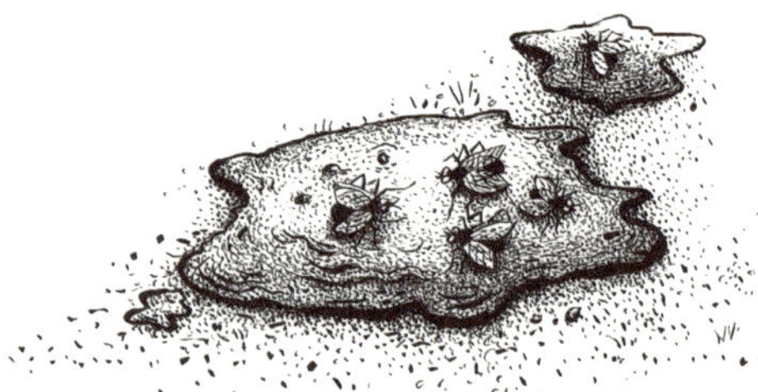

Jeden Tag machte Hühnchen
das Loch ein bisschen größer.
Dann ging es hinaus aufs Weizenfeld,
um zu singen.
Hühnchen gackerte und gackerte,
bis es eines Tages fand:
«Jetzt habe ich genug geübt.
Jetzt kann ich singen.»

«Das nennst du singen?»,
sagten die großen Hühner.

Und an diesem Tag
war das Loch groß genug geworden
für die großen Hühner.
Sie schlüpften alle ins Freie,
eins nach dem andern,
dreitausenddreihundert-
dreiunddreißig Hühner.

Und dann rannten sie
aufs Weizenfeld
und pickten
und scharrten
und gackerten voller Freude.

«Das ist ja eine schöne Bescherung!»,
schrie der Verwalter.
«Hühner im Weizenfeld!»
Es waren immerhin
dreitausenddreihundert-
dreiunddreißig Hühner.
Und als der Verwalter
seine Leute ausschickte,
um sie alle einzufangen,
da rannten die Hühner
hierhin und dahin,
und es dauerte einen ganzen Tag,
bis sie wieder eingesperrt waren.

Und dann saßen sie
in ihrem Hühnerhaus
in ihrem Hühnergestank
und rissen sich die Federn aus
und husteten.

Nur Hühnchen hatte keinen Husten.
Und das Loch in der Ecke
war zugestopft.

29

Da sagte Hühnchen wieder:
«Wenn ich groß bin,
will ich goldene Eier legen.»

«Hahahaha»,
husteten die großen Hühner.

«Aber zuerst lerne ich schwimmen»,
sagte Hühnchen.
«Das brauchst du
gar nicht erst zu versuchen»,
sagten die großen Hühner.

«Und ich versuch es doch»,
sagte Hühnchen.

Dann ging es in die Ecke
und pickte und scharrte
so lange,
bis es das Loch
wieder aufgepickt hatte,
und ging hinaus aufs Weizenfeld
und an den Ententeich.

Das konnte es, weil es so klein war.

Es atmete die frische Luft
und scharrte im frischen Boden
und trank vom frischen Wasser,
so viel es wollte.
Und jeden Tag
hielt es einmal seine Füße ins Wasser.

«Das nennst du schwimmen?»,
sagten die großen Hühner.

«Für meinen Bauch
ist das Wasser zu nass»,
sagte Hühnchen.

33

Und dann kam der Tag,
wo das Loch wieder groß genug war
für die großen Hühner.
Sie rannten aufs Weizenfeld
und an den Ententeich
und pickten und scharrten
und gackerten voller Freude.

«Das ist ja eine Frechheit!»,
schrie der Verwalter.

Es waren immerhin
dreitausenddreihundert-
dreiunddreißig Hühner,
und als der Verwalter
seine Leute ausschickte,
um sie alle einzufangen,
da rannten die Hühner
hierhin und dahin,
und es dauerte einen ganzen Tag,
bis sie wieder eingesperrt waren.

Dann saßen sie in ihrem Hühnerhaus
in ihrem Hühnergestank
und rissen sich die Federn aus
und husteten.

Nur Hühnchen hatte keinen Husten.

Und das Loch in der Ecke
war zugestopft.

Da sagte Hühnchen wieder:
«Wenn ich groß bin,
will ich goldene Eier legen.»

«Hahahaha»,
huhuhuhusteten die großen Hühner.

«Aber zuerst lerne ich fliegen»,
sagte Hühnchen.

«Das brauchst du
gar nicht erst zu versuchen»,
sagten die großen Hühner.

«Und ich versuch es doch»,
sagte Hühnchen.

Dann pickte und scharrte es wieder
so lange,
bis es das Loch aufgescharrt hatte,
und ging hinaus aufs Weizenfeld
und an den Ententeich
und auf den Misthaufen.

Das konnte es, weil es so klein war.

Es pickte in der frischen Erde
und atmete die frische Luft
und trank vom frischen Wasser.
Und jeden Tag sprang es vom Misthaufen
in die Luft, so weit es nur konnte,
und schlug dazu mit den Flügeln.

«Das nennst du fliegen?»,
sagten die großen Hühner.

Und dann kam der Tag,
wo das Loch groß genug war für alle.
Hühnchen machte ein Gegacker
und führte alle
dreitausenddreihundert-
dreiunddreißig Hühner
hinaus ins Freie,
aufs Weizenfeld,
an den Ententeich
und auf den Misthaufen.

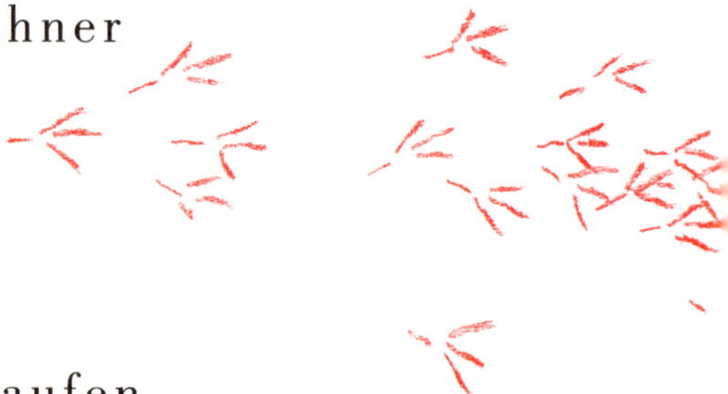

Und es war ein großes Fest.

Als der Verwalter
wieder seine Leute ausschickte,
um die Hühner einzufangen,
da konnten sie es nicht.
Die Hühner rannten
so schnell davon

und hierhin und dahin
und fanden immer neue Plätze,
wo sie sich verstecken konnten,
dass die Leute am Abend sagten:
«Heute
schaffen wir das nicht mehr.
Wir machen morgen weiter.»

Am nächsten Tag
ging es nicht anders
und am dritten Tag auch nicht.
So kam es,
dass die Leute
am Abend des dritten Tages
zum Verwalter sagten:

«Es sind dreitausendreihundert-
dreiunddreißig Hühner,
und es ist unmöglich,
sie alle wieder einzufangen,
wenn sie nicht wollen.»

«Das ist ja eine Katastrophe!»,
schrie der Verwalter.
«Wir müssen doch Eier verkaufen.»

«Nein,
das ist keine Katastrophe»,
sagten die Leute.
«Wenn wir hier draußen
einen großen Hühnerhof
für unsere dreitausenddreihundert-
dreiunddreißig Hühner bauen.
Dann ist alles in Ordnung.»

Und so wurde es gemacht.

Von da an konnten die Hühner
jeden Tag ins Freie gehen.
Sie gackerten und scharrten und pickten,
so viel sie wollten.
Nachts schliefen sie
auf den Hühnerstangen im Haus.
Ihre Eier legten sie in neue Nester.
Und der Verwalter
schickte seine Leute aus,
um die Eier einzusammeln.
Bald wuchsen den Hühnern neue Federn,
und keines
hatte mehr den Husten.

In all der Zeit
war Hühnchen so groß geworden
wie die großen Hühner,
und eines Tages war es so weit,
dass Hühnchen
sein erstes Ei legte.

Neugierig sahen
die dreitausenddreihundert-
dreiunddreißig Hühner zu.
«Jetzt wollen wir mal sehen,
ob es ein goldenes Ei wird»,
sagten sie.

Hühnchen saß auf dem Boden

und drückte

sein erstes Ei

heraus.

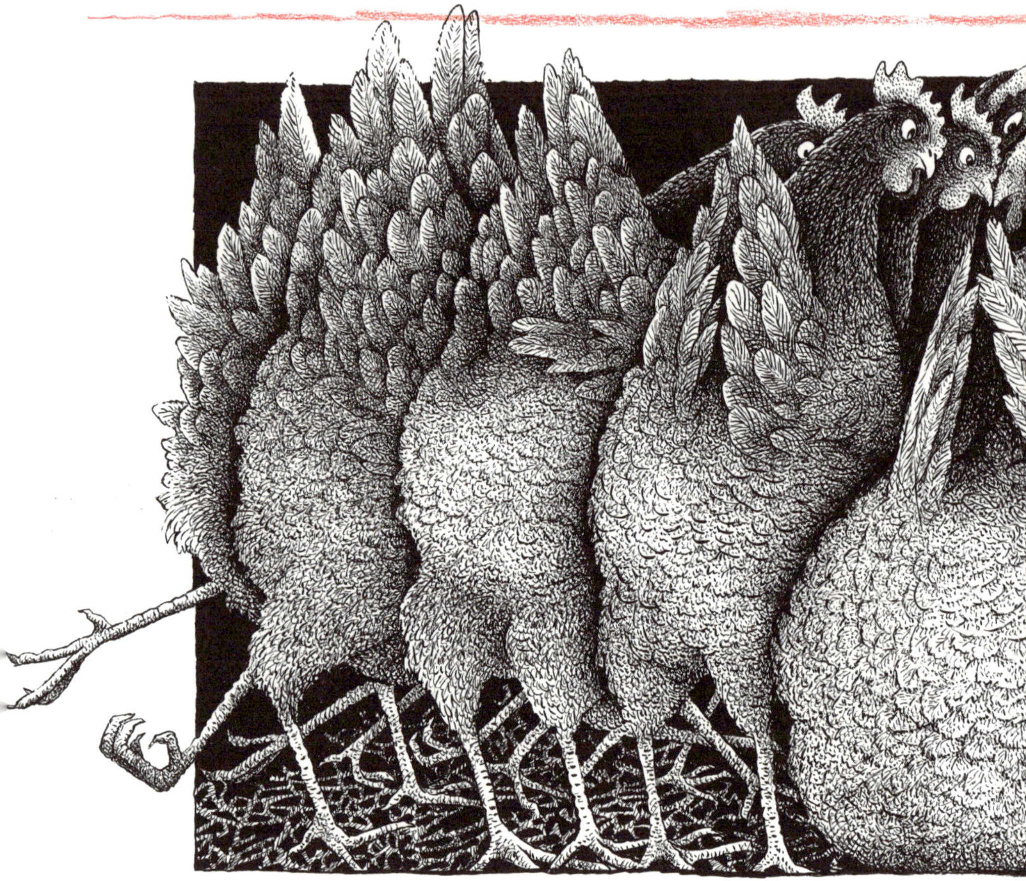

Und als es endlich dalag, war es ein schönes

attes ... rundliches ... helles ...

braunes Ei.

«Siehst du»,
sagten die Hühner,
«es ist doch kein goldenes Ei.
Das brauchst du
gar nicht erst zu versuchen.»

Und was hat Hühnchen gemacht?

Hühnchen hat sie alle ausgelacht
und gesagt:
«Habt ihr wirklich geglaubt,
dass ein Huhn
goldene Eier legen kann?»

Lizenzausgabe für die Büchergilde Gutenberg,
Frankfurt am Main und Wien,
mit freundlicher Genehmigung
der Verlag Nagel & Kimche AG, Zürich/Frauenfeld

Illustrationen von Käthi Bhend
ISBN 3-7632-4798-X